Klick! 1

Sozialkunde/ Politik

Arbeitsheft

Erarbeitet von
Christine Fink
Dr. Oliver Fink
Wolfgang Humann
und Silke Weise

Cornelsen

Inhaltsverzeichnis

Unsere Klasse, unsere Schule

Hallo, willkommen an unserer Traumschule!

Wir haben nur nette Lehrerinnen und Lehrer. Sie haben Zeit für uns. Der Unterricht macht großen Spaß. Alle Schülerinnen und Schüler verstehen sich gut. In jeder Klasse gibt es Computer für alle. Es gibt viele Arbeitsgemeinschaften. Wir arbeiten zum Beispiel an der Schülerzeitung und haben eine Hiphop-AG. Zu unserer Schule gehören ein Ponyhof und ein großes Schwimmbad. Wir können mitbestimmen, was wir in den Pausen machen. An unserer Schule können ältere Schülerinnen und Schüler den Mofa-Führerschein machen.

1 Mache ein Foto oder male ein Bild von deiner Schule oder von deiner Klasse.

2 Was könnte an deiner Schule schöner sein? Ändere das auf deinem Bild.

3 Was ist an deiner Schule so wie in der Traumschule?

4 Was ist anders als in der Traumschule?

5 Was wünschst du dir in deiner Schule?

6 Wer ist deine Lieblingslehrerin oder dein Lieblingslehrer?
Mache ein Foto oder male ein Bild und schreibe den Namen auf.

In einer neuen Klasse

In einer neuen Klasse kommen viele Jungen und Mädchen zusammen. Einige kennst du vielleicht schon, einige musst du erst kennen lernen.

1 In meiner neuen Klasse sind ☐ Mädchen und ☐ Jungen.

2 Stellt euch mit Namen vor und schreibt dabei die Namen an die Tafel.

3 Nun könnt ihr die Namen ins Heft schreiben.
Die Mädchen und Jungen heißen:

In einer neuen Klasse

Du kannst ein Interview führen, um die Mädchen und Jungen aus deiner Klasse besser kennen zu lernen.

→ Lexikon S. 84–88 Interview

4 Führe ein Interview mit einem Mädchen oder Jungen aus deiner Klasse. Schreibe die Antworten auf.

Name: ______________________________

Geburtsdatum: ______________________________

Lieblingsfach in der Schule: ______________________________

Lieblingssport: ______________________________

Hobbys: ______________________________

____

Lieblingsmusik: ______________________________

Lieblingsband: ______________________________

Lieblingsbuch: ______________________________

Lieblingszeitschrift: ______________________________

Lieblingsfilm: ______________________________

Lieblingsschauspieler(in): ______________________________

____

Lieblingsessen: ______________________________

Wer ist dein bester Freund/deine beste Freundin?

____

Was wünschst du dir für heute?

____

Regeln vereinbaren

1 Beschreibe die beiden Bilder.
In welche Klasse möchtest du lieber gehen? ☐ oben ☐ unten

2 Begründe, warum es dir in der Klasse auf dem Bild gefällt.

In der Klasse gefällt es mir, weil ______________________

Regeln vereinbaren

Klassenregeln bei uns

Natürlich haben wir uns in unserer Klasse früher auch gestritten. Dann haben wir Regeln eingeführt. Diese Regeln haben wir gemeinsam überlegt. Und wir haben überlegt, was passiert, wenn jemand die Regeln nicht einhält.

3 Wie ist es bei euch? Überlegt, welche Regeln ihr braucht, damit es euch in der Klasse gut geht. Schreibt die Regeln auf.

Regel 1: ______________________________

Regel 2: ______________________________

Regel 3: ______________________________

Regel 4: ______________________________

4 Was wäre anders, wenn alle die Regeln einhalten würden? Sprecht darüber in der Klasse.

Freunde finden

1 Fülle den Fragebogen aus.

Sammelst du etwas? Was?	Magst du Musik? Welche?
Hast du Geschwister? Wie viele?	Magst du eine Sportart? Welche?
Gehörst du einer Religion an? Welcher?	Hast du schon in einer anderen Stadt gelebt? Wo?
Hast du einen Spitznamen? Welchen?	Warst du in den Ferien im Urlaub? Wo?
Hast du Hobbys? Welche?	Liest du eine Zeitschrift? Welche?
Hast du ein Lieblingsgericht? Welches?	Kannst du das „R" rollen?
Hast du Ohrlöcher? Wie viele?	Hast du ein Lieblingsspiel? Wie heißt es?
Kannst du auf den Fingern pfeifen? Eine Melodie?	Hast du ein Haustier? Welches?

2 Lest den Fragebogen in der Klasse vor.
Finde heraus, wer die gleichen Interessen hat wie du.

Einen Freundschaftsbrief schreiben

Möchtest du mit einem Mädchen oder Jungen aus deiner Klasse Freundschaft schließen?
Du kannst ihm einen Freundschaftsbrief schreiben.

1 Wende die Schritte 1 und 2 vom Schreibprofi an.

→ Schreibprofi Umschlagklappe

1 Vor dem Schreiben

Ich überlege:

a) **Für wen** will ich schreiben?
b) **Was** will ich schreiben?

Für wen?		Was? Wovon?		Was will ich fragen?	
für ein Mädchen	☐	von mir	☐	nach ihren/seinen Hobbys	☐
für einen Jungen	☐	von meinen Hobbys	☐	ob sie/er Lust hat, mit mir zu spielen	☐
für meine Oma	☐	von den Ferien	☐	nach dem Wetter	☐

2 Beim Schreiben

Nun schreibe ich.
Ich ergänze die Sätze oder schreibe eigene Sätze auf ein Blatt.

Hier kannst du etwas malen oder ein Bild einkleben!	Hallo, ______ Ich bin ______ Meine Hobbys sind ______ ______ ______ Hast du ______ ______ ______ ______ ______ ______

→ ... Lust mit mir zu spielen?
... Zeit heute?

→ Gruß

→ Unterschrift

Den Klassenraum gestalten

Einfach mal aufräumen

→ Textknacker Umschlagklappe

In unserer Traumklasse sieht es wirklich schön aus! Zu Beginn des Schuljahres haben wir unsere Klasse erst einmal ordentlich geputzt: Alle Schränke haben wir ausgeräumt und ausgewischt.

Die Bücher haben wir wieder ordentlich in die Regale gestellt. Auch alles andere haben wir sortiert und aufgeräumt. Und unseren Computer haben wir komplett abgestaubt. Jeder von uns hat eine Pflanze mitgebracht und auf die Fensterbank gestellt.

Und natürlich hat jeder seinen eigenen Tisch geputzt und sein Fach entrümpelt. Da kam eine Menge Müll zusammen! Schließlich waren wir fertig.

1 Was haben die Kinder getan?

2 Überlegt, ob ihr eure Klasse auch aufräumen wollt.
Wer übernimmt welche Aufgabe?

Wir gestalten ein gemeinsames Klassenbild

Unsere Wände sind zu Beginn des Schuljahres noch ziemlich leer.
Deshalb gestalten wir ein gemeinsames Klassenbild.
So zeigen wir auch, dass wir alle zusammengehören!
Habt ihr auch Lust auf so ein buntes Klassenbild?

3 Gestaltet ein gemeinsames Klassenbild.

So geht's:

1. Lege deinen Zeichenblock im Hochformat vor dich hin.
2. Zeichne mit Bleistift den Anfangsbuchstaben deines Namens so groß wie möglich auf das Blatt.
3. Nimm nun deinen Wasserfarbkasten und wähle eine schöne Farbe. Male den Buchstaben ganz dick nach.
4. Wähle nun eine andere Farbe. Male den Rest des Blattes damit aus.
5. Lege das Blatt zum Trocknen zur Seite.
6. Zeichne auf ein neues Blatt mit Bleistift den Anfangsbuchstaben deines Nachnamens so groß wie möglich auf das Blatt.
7. Male den Buchstaben und die Umgebung genauso wie zuvor bunt. Du darfst andere Farben verwenden.
8. Wenn alle Bilder getrocknet sind, könnt ihr die Bilder zu einem gemeinsamen großen Bild zusammenlegen.
   Das fertige Klassenbild könnt ihr an die Wand hängen.

Das kann ich!

1 Kreuze an.

Wenn wir wollen, dass es allen in der Klasse gut geht, …	dieser Meinung	
	stimme ich zu	stimme ich nicht zu
… sind Regeln wichtig.	☒	☐
… darf jeder tun, was er gerade will.	☐	☐
… lassen wir andere ausreden.	☐	☐
… hören wir einander zu.	☐	☐
… nehmen wir einander ernst.	☐	☐
… haben wir keinen Respekt voreinander.	☐	☐
… nehmen wir uns, was wir wollen.	☐	☐
… nehmen wir einander nichts weg.	☐	☐
… haue ich, wenn mich einer ärgert.	☐	☐
… sind wir möglichst freundlich zueinander.	☐	☐

2 Putztag in der Traumklasse!
Was haben die Schülerinnen und Schüler der Traumschule alles gemacht? Ergänze die Sätze mit den passenden Wörtern.

Zu Beginn des Schuljahres haben wir unsere Klasse ordentlich ____________.
(geputzt/verschmutzt)

Alle Schränke haben wir ______________________________
(auseinander genommen/ausgeräumt)

und ____________. Die Bücher haben wir wieder ordentlich
(ausgewischt/abgebaut)

in die Regale ____________. Auch alles andere haben wir ____________
(gestellt/gelegt) (weggeworfen/sortiert)

und ____________.
(aufgeräumt/aufgemalt)

Unseren Computer haben wir komplett ______________________.
(angemalt/abgestaubt)

Jeder von uns hat eine Pflanze ______________________ und
(mitgebracht/mitgenommen)

auf die Fensterbank ______________________. Und natürlich
(geworfen/gestellt)

hat jeder seinen eigenen Tisch __________________ und sein
(beschmutzt/geputzt)

Fach ______________________. Da kam eine Menge
(entrüstet/entrümpelt)

Müll zusammen! Schließlich waren wir __________________.
(fettig/fertig)

3 Suche die folgenden Wörter im Buchstabenraster und kreise sie ein. Ihr könnt auch gemeinsam suchen. Streiche sie hier durch, wenn du sie gefunden hast:

COMPUTER – FREUNDSCHAFT – KLASSE – LEHRER – PAUSE – ORDNUNG – PUTZEN – REGELN – ~~SCHULE~~ – TRAUMSCHULE – UNTERRICHT – ZUSAMMEN

S	C	H	U	L	E	Y	A	C	A	Y	A	K	A	A
P	A	Q	A	Y	A	E	F	O	K	C	A	L	S	R
O	U	N	T	E	R	R	I	C	H	T	D	A	D	F
R	F	O	X	Q	V	C	O	M	P	U	T	E	R	Z
A	L	E	H	R	E	R	L	O	R	D	N	U	N	G
V	J	G	K	R	L	P	H	T	T	L	K	E	J	I
E	M	S	P	E	R	E	G	E	L	N	R	E	R	K
R	L	Y	U	T	S	F	I	R	D	Ä	U	K	L	L
P	U	T	Z	E	N	T	D	A	Ä	A	O	A	O	A
I	T	F	R	E	U	N	D	S	C	H	A	F	T	D
N	T	Ä	A	L	A	A	A	V	U	G	T	S	U	T
A	Ö	O	Z	U	S	A	M	M	E	N	H	E	E	G
G	K	P	J	C	H	F	N	B	I	P	A	U	S	E
L	Z	E	K	T	R	A	U	M	S	C	H	U	L	E
K	L	A	S	S	E	L	L	O	X	T	D	Ö	E	R

In Familien leben

①

Ich bin Timo und 13 Jahre alt. Neben meinem Vater Stefan steht meine Schwester Jessica. Meine Mutter heißt Sabine.

②

Ich bin Jennifer. Hier sieht man mich mit meinen Geschwistern und unserer Mutter. Unser Vater wohnt nicht mehr bei uns. Wir sehen ihn manchmal am Wochenende.

③

Mein Name ist Max. Ich lebe mit meiner Mutter. Seit drei Jahren lebt auch Klaus bei uns. Er ist der neue Freund meiner Mutter. Am Wochenende kommt oft auch der Sohn von Klaus zu uns.

④

Diese Familie lebte 1908. Auf dem Foto seht ihr die Familie mit ihren vier Kindern in dem Garten.

1 Was erzählen Timo, Jennifer und Max?

2 Vergleicht die Bilder ① und ④.
Was fällt euch alles auf?

3 Wer gehört zu deiner Familie?
Schreibe Namen und Alter auf.

4 Was machen deine Familienmitglieder tagsüber?

Ich, ______________________ *(dein Name)*, gehe zur Schule.

____

____

____

____

____

Alle helfen mit

Aufgaben in der Familie: damals und heute

Mein Name ist Franz. Ich bin 12 Jahre alt. Ich habe sieben Geschwister. Wir haben einen Hof mit zwei Kühen, einem Ochsen und Hühnern.

Unser Arbeitstag beginnt morgens um 5 Uhr. Vater geht mit dem Ochsen auf das Feld und pflügt die Erde. Mutter kümmert sich um den Haushalt: Brot backen, Kochen, Waschen, Putzen, Gartenarbeit, Nähen. Die Mädchen helfen ihr dabei. Wir Jungen versorgen die Tiere und helfen Vater auf dem Feld. Zur Schule können wir meistens nicht gehen, weil so viel zu tun ist. Unser Arbeitstag endet erst abends. Unsere Eltern arbeiten meist bis in die Nacht. Sonntags haben wir frei.

Ich bin Jennifer. Ich bin 13 Jahre alt und habe zwei Geschwister. Unsere Eltern haben sich getrennt. Wir leben bei unserer Mutter in der Wohnung.

Unsere Mutter geht arbeiten. Oft ist sie noch nicht zuhause, wenn wir aus der Schule kommen. Dann hat sie für uns vorgekocht. Meine Schwester macht das Essen warm. Mein Bruder und ich müssen dann den Tisch decken und abräumen.

Unsere Mutter kann nicht alles alleine im Haushalt schaffen. Daher hat jeder bei uns Aufgaben. Nachmittags und am Wochenende treffe ich mich mit meinen Freundinnen.

Alle helfen mit

1 Was sind die Unterschiede im Leben von Franz und von Jennifer?

Franz …	Jennifer …
hat 7 Geschwister.	
	lebt in der Wohnung der Mutter.
arbeitet auf dem Hof der Eltern.	
	trifft sich nachmittags mit Freundinnen.
Den Haushalt macht die Mutter.	

2 Frage zu Hause nach, was im Haushalt erledigt werden muss.
Welche Aufgaben gibt es? Wie oft werden sie erledigt? Wer erledigt sie?
Wenn der Platz in der Tabelle nicht ausreicht, nimm ein Blatt dazu.

Welche Aufgaben?	Wie oft werden sie erledigt?			Wer erledigt sie?
	täglich	wöchentlich	monatlich	
Tisch decken	☒	☐	☐	Mama
	☐	☐	☐	
	☐	☐	☐	
	☐	☐	☐	
	☐	☐	☐	

Sind alle zufrieden?

Welche Wünsche und Aufgaben gibt es in einer Familie?

„Ich würde gern nach der Arbeit meine Ruhe haben."

„Nach der Arbeit muss ich einkaufen, kochen, putzen, Hausaufgaben kontrollieren und anderes erledigen."

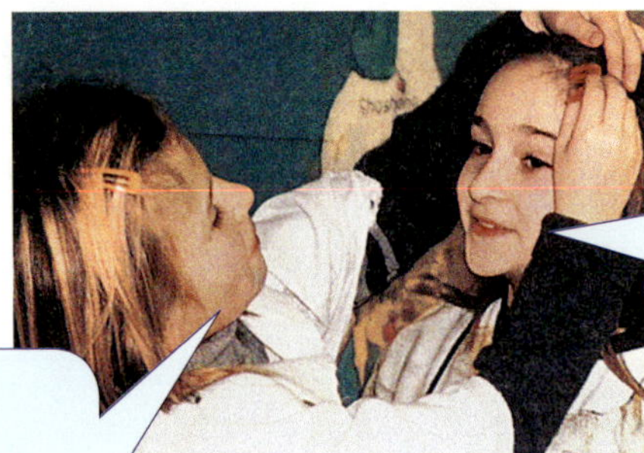

„Ich muss Hausaufgaben machen, mein Zimmer aufräumen, den Tisch decken und abräumen und den Müll rausbringen."

„Ich möchte gern alle meine Freundinnen einladen und mit ihnen Sachen bereden, schminken, Kleidung ausprobieren."

„Ich muss Hausaufgaben machen, Wäsche waschen und bügeln, staubsaugen."

„Ich möchte mal mit meinem Freund allein sein können."

„Ich muss manchmal den Tisch decken und mein Zimmer aufräumen."

„Ich möchte meine Legosachen mal ausbreiten können."

Sind alle zufrieden?

1 Was möchtest du am Nachmittag nach der Schule machen?
Ich möchte gerne .../Ich wünsche mir ...

2 Was wünschen sich deine Familienmitglieder?
Frage nach.

Wer?	Wunsch

3 Welche Aufgaben hast du zu Hause?
Sind diese Aufgaben für dich in Ordnung? Kreuze an.

Aufgabe	o.k.	nicht o.k.
mein Zimmer aufräumen	☒	☐
	☐	☐
	☐	☐
	☐	☐

4 Wähle eine Aufgabe aus, die du nicht o.k. findest.
Was würdest du stattdessen lieber machen?

Sprich mit deinen Eltern über einen Tausch.

Mit Geld haushalten

Hier seht ihr noch einmal die Familie von Max.

**Klaus ist Maler und in einem Betrieb angestellt.
Die Mutter von Max geht auch zweimal in der Woche arbeiten.
Von dem Geld, das die beiden verdienen, müssen sie für sich und ihre Kinder sorgen.**

Von diesem Geld

müssen sie jeden Monat bezahlen:	müssen sie manchmal bezahlen:
• Wohnungsmiete • Strom, Heizung und Wasser • Telefonkosten • Versicherungen • Essen und Getränke • Sportverein • Auto (Tank und Pflege)	• Reparatur der Waschmaschine • Reparatur des Autos • neues Möbelstück • Renovierung der Wohnung • Schulmaterial • Kleidung • Urlaub
↓	↓
feste Ausgaben	veränderliche Ausgaben

Mit Geld haushalten

1 a) Lies die Sätze.
b) Welche Ausgaben sind fest, welche veränderlich?

	feste Ausgaben	veränderliche Ausgaben
Mama kauft Essen und Getränke für das Wochenende ein.	☐	☐
Die Waschmaschine ist kaputt. Sie soll repariert werden.	☐	☐
Max hat neue Bayern-München-Bettwäsche bekommen.	☐	☐
Mama hat sich Ohrringe gekauft.	☐	☐
Das Auto muss aufgetankt werden.	☐	☐
Die Telefonrechnung muss bezahlt werden.	☐	☐
Klaus bekommt regelmäßig eine Tageszeitung.	☐	☐

Die Familie von Max hat jeden Monat 1550,– € zur Verfügung. Sie haben für einen Monat ein Haushaltsbuch geführt, um zu sehen, wofür sie wie viel Geld ausgegeben haben.

2 a) Lies die Tabelle.

Zweck	Ausgaben in €
Miete, Strom, Heizung, Wasser	650,–
Versicherungen	50,–
Kleidung	120,–
Essen, Getränke	350,–
Auto (Tanken und Pflege)	120,–
Sonstiges (Schulhefte, Taschengeld, CD)	30,–
Telefon	80,–
Sparen	

b) Wie viel Geld konnte die Familie sparen?

3 Max und seine Familie möchten in Urlaub fahren.
Das ersparte Geld reicht aber nicht aus.
Wie könnten sie mehr Geld sparen?

Was darf ich mir kaufen?

Lea hat Geld für Kleidung bekommen, aber es bleibt noch Geld übrig.

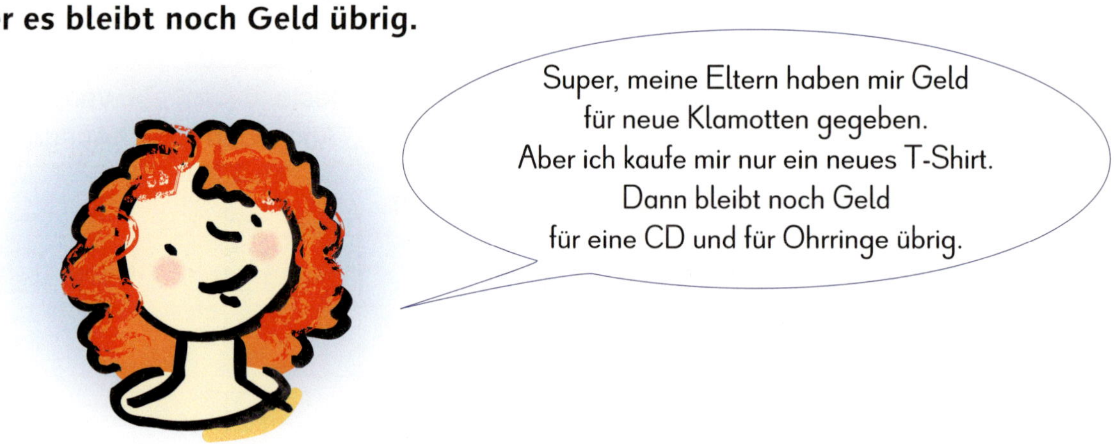

1 Überlegt gemeinsam:
Darf Lea das Geld auch für andere Sachen ausgeben?

Solange du unter 18 Jahre alt bist, darfst du keine Käufe ohne die Einwilligung deiner Eltern machen. Damit sollst du vor Leuten geschützt werden, die dir unsinnige oder zu teure Sachen verkaufen wollen.

Jan hat Taschengeld bekommen.

2 Darf Jan sein Taschengeld im Kiosk ausgeben?

Das Taschengeld ist nur für dich. Du kannst selber entscheiden, wofür du es ausgibst. Eine festgelegte Höhe für das Taschengeld gibt es nicht. Deine Eltern entscheiden, wie viel Geld du bekommst und wann.

Was darf ich mir kaufen?

1 Bekommst du Taschengeld?

Wie viel bekommst du? ______€ in der Woche ☐

im Monat ☐

2 Kannst du selbst entscheiden, wofür du es ausgibst?

☐ ja ☐ nein

3 Was machst du mit deinem Taschengeld?

Kleidung kaufen	☐	Süßigkeiten kaufen	☐
Schmuck kaufen	☐	CDs kaufen	☐
ins Kino gehen	☐	sparen	☐

Anderes: ______________________________

4 Wenn deine Eltern dir weniger Taschengeld geben würden, auf was würdest du verzichten?

Ich würde auf ______________________________ verzichten.

5 Du brauchst mehr Geld, weil du dir etwas Besonderes kaufen möchtest. Du suchst dir einen Job.

→ Lexikon S. 84–88 Job

Bedenke:
- **Du darfst erst ab 13 Jahren arbeiten.**
- **Du darfst nur leichte Arbeiten annehmen.**
- **Du darfst nur zwischen 8.00 und 18.00 Uhr arbeiten.**
- **Du darfst nur mit Zustimmung deiner Eltern arbeiten gehen.**
- **Du darfst nicht vor oder während der Schulzeit arbeiten.**

6 Welche Jobs könntest du dir suchen?

Zeitungen austragen, ______________________________

____

____

Kinder haben Rechte

Das geht dich an!

Textknacker Umschlagklappe hinten

Diese Rechte wurden für die Kinder und Jugendlichen unserer Welt geschrieben. Sie gelten für jedes Kind und jeden Jugendlichen. Sie gelten für dich!

Was bedeuten diese Rechte für dich und dein Leben in deiner Familie? Wir schauen uns das Recht 5 genauer an.

„Recht auf freie Meinungsäußerung, Information und Gehör."

Das heißt: Über alle Dinge, die dich etwas angehen, sollten deine Eltern mit dir reden. Du darfst Fragen stellen, dich informieren und deine Meinung sagen. Deine Eltern sollten dir ernsthaft zuhören und ihre Entscheidungen erklären.

1 Was habt ihr über die Rechte der Kinder erfahren? Erzählt.

2 a) Ein Schüler liest Recht 5 laut vor:

„Du hast das Recht, deine Meinung zu sagen, wenn es um Dinge geht, die dich angehen."

b) Welche Dinge sind hier gemeint? Zähle mehrere auf.

Taschengeld

3 a) Lest das Recht 6 in der Klasse vor.

„Du hast das Recht auf gewaltfreie Erziehung."

b) Was bedeutet dieses Recht für dich? Kreuze an.

- ☐ **Ich darf nicht geschlagen werden.**
- ☐ **Ich darf nicht zur Arbeit gezwungen werden.**
- ☐ **Ich darf nicht missachtet werden.**

4 Welches Kinderrecht passt zu den Bildern? Trage die Nummern ein.

5 a) Lest die weiteren Rechte vor.
b) Was bedeuten diese Rechte für euch?
c) Nennt Beispiele.

Konflikte lösen

Wir gehören zusammen, aber …
… was ist, wenn die Fetzen fliegen?

Du nervst!

Der hat mir gar nichts zu sagen!

Räum dein Zimmer auf!

Das gibt Hausarrest!

Nie hörst du mir zu!

Das ist die Familie von Jan und Meike.
Die Mutter hat eben mit Tante Susi telefoniert.

1 Seht euch das Bild an.
Lest, was in den Sprechblasen steht.

Konflikte lösen

2 Lest die Sätze in den Sprechblasen mit verteilten Rollen vor.

3 Was denkst du:

② Wie hat sich Jan gefühlt?

③ Wie hat sich Meike gefühlt?

④ Wie hat sich der Vater gefühlt?

⑤ Wie hat sich zum Schluss die Mutter gefühlt?

4 Welche Lösung könnte hier helfen?
Sprecht über verschiedene Möglichkeiten in der Klasse.

5 In einem Rollenspiel könnt ihr die Situation nachspielen.

→ Ein Rollenspiel planen und durchführen

6 Welche Lösung habt ihr gefunden?

Das kann ich!

1 Löse das Kreuzworträtsel.

1. „Mama" nenne ich meine …
2. die Schwester meiner Mutter ist meine …
3. die Tochter meiner Tante ist meine …
4. ich bin der … meiner Oma
5. das ist ein weibliches Geschwisterkind

6. der neue Mann meiner Mutter
7. so nenne ich meinen Vater
8. die Mutter meines Vaters ist meine …
9. so nenne ich meine Großmutter
10. der Bruder meines Vaters ist mein …
11. so nenne ich meinen Großvater
12. das ist ein männliches Geschwisterkind

2 Denk über Familie nach!
Wenn ich an meine Familie denke, dann ist mir wichtig, …

	sehr wichtig	wichtig	unwichtig
… dass wir gemeinsam etwas unternehmen.	☐	☐	☐
… dass meine Eltern stolz auf mich sind.	☐	☐	☐
… dass wir immer zusammenhalten.	☐	☐	☐
… dass wir uns auch streiten können.	☐	☐	☐
… dass meine Familie mich tröstet.	☐	☐	☐
… dass meine Eltern mir Geld geben.	☐	☐	☐
… dass ich so sein kann, wie ich bin.	☐	☐	☐

3 Ordne die Kinderrechte den Bildern zu.
Trage die passenden Nummern in die Kästchen ein.

- Recht auf Gleichheit ☐
- Recht auf Gesundheit ☐
- Recht auf Spiel und Freizeit ☐
- Recht auf Bildung ☐
- Recht auf freie Meinungsäußerung ☐
- Recht auf gewaltfreie Erziehung ☐
- Recht auf Schutz im Krieg ☐
- Recht auf Schutz vor Ausbeutung ☐
- Recht auf elterliche Fürsorge ☐
- Recht auf Betreuung bei Behinderung ☐

4

1

7

5

6

9

3

2
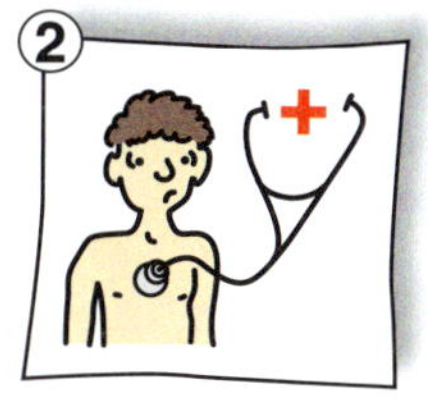

10

8

4 Welches Kinderrecht findest du am wichtigsten?
Schreibe auf.

____

____

Jugendliche – selbstbewusste Verbraucher?

Was habe ich? Was brauche ich wirklich?

1 Seht euch das Bild genau an.

2 Sprecht über das Bild:
- Wo befindet sich der Junge?
- Was wünscht sich der Junge alles?

Stelle dir vor, dass du die Sommerferien auf einer einsamen Insel überleben musst.

3 Suche aus der Liste zehn Dinge heraus, die du auf jeden Fall mitnehmen willst. Markiere die Wörter.

Adressbuch	Axt	Batterien	Deodorant	Digitalkamera
Erste-Hilfe-Set	Gaskocher	Angel	Handy	MP3-Player
Insektenspray	Regenjacke	Reisepass	Schaufel	Schlafsack
Schlauchboot	Seife	Sonnencreme	Sonnenschirm	Streichhölzer
Taschenmesser	Kochtopf	Zelt	Playstation	Unterwäsche

4 Diese drei Dinge nehme ich mit:

1. ______________________

Das nehme ich mit, weil ______________________

____

2. ______________________

Das nehme ich mit, weil ______________________

____

3. ______________________

Das nehme ich mit, weil ______________________

____

5 Vergleicht die Ergebnisse in der Klasse.

6 Welche Dinge sind für euch sehr wichtig?
Welche Dinge sind nicht so wichtig?

Überall Werbung

Es gibt überall Werbung für viele Dinge.

1 Wo könnt ihr Werbung finden? Zählt Beispiele auf.

→ auf der Straße,
an der Bushaltestelle,
in der Zeitung,
im Fernsehen …

Überall Werbung

Du findest viel Werbung in deiner Umgebung.

2 Sieh dir die Bilder an.
Was siehst du? Wofür wird geworben?

	Das sehe ich:	Dafür wird geworben:

3 Schau dich in deinem Wohnviertel um:
Wie viel Werbung findest du? Und welche?

Werbeplakate untersuchen

Hier seht ihr zwei Werbeplakate.

①

②

1 Was seht ihr auf den Werbeplakaten?

2 Wofür wird auf den Plakaten geworben?

Bild ①: ______________________________

____

Bild ②: ______________________________

____

3 Wähle ein Werbeplakat aus.
- Welches Plakat gefällt dir besser?
- Warum? Begründe deine Meinung.

4 Untersuche dein Werbeplakat.

a) Welche Farben werden verwendet?

b) Wie heißt der Werbespruch?

c) Passt der Werbespruch zu der Werbung?

d) Wenn nicht: Fällt dir ein besserer Spruch ein?

e) Warum gefällt dir das Werbeplakat?

5 Suche dir einen Gegenstand, den du besonders gerne hast oder haben möchtest.

- Überlege dir einen guten Werbespruch zu diesem Gegenstand.
- Mache ein Foto oder male ein Bild dazu.
- Gestalte dein eigenes Werbeplakat.

6 Stellt eure Werbeplakate in der Klasse aus.

Diesen Text hat eine sechste Klasse für die Schülerzeitung geschrieben.

In und out

Ich bin auf dem Schulhof im Mittelpunkt.
Ich bin in.

Ich bin cool,
ich zeige keine Gefühle.
Ich bin in.

Ich verhalte mich so,
wie die anderen es von mir erwarten.
Ich bin in.

Ich trage coole Klamotten.
Ich bin in.

Ich habe das neueste Handy
und höre nur die neueste Musik.
Ich bin in.

Ich kenne alles, was angesagt ist.
Aber manchmal weiß ich selbst nicht,
was mir gefällt.

1 Sprecht über den Text:
- Worüber schreibt die Klasse 6?
- Was bedeutet „in" und „out"?

2 a) Habt ihr solche Situationen auch schon erlebt?
b) Was ist eure Meinung dazu?

Voll im Trend?

3 Was ist deiner Meinung nach im Moment „in"?

- Dieses Handy ist „in": ______________________
- Diese Kleidung ist „in": ______________________
- Diese Turnschuhe sind „in": ______________________
- Diese Musik ist „in": ______________________

4 Wie stehst du zu Markenprodukten?
Überprüfe deine Meinung mit den folgenden Aussagen:

	Ja	Manchmal	Nein
Ich kaufe sehr gerne Dinge wie Kleidung oder CDs.	☐	☐	☐
Am liebsten kaufe ich Dinge, die ich aus der Werbung kenne.	☐	☐	☐
Ich will mir eine neue Jeans kaufen. Dafür wähle ich eine bestimmte Marke aus der Werbung.	☐	☐	☐
Mir fällt spontan mindestens eine gute Werbung ein.	☐	☐	☐
Wenn ich eine Zeitschrift lese (z. B. Bravo), schaue ich mir auch die Werbung an.	☐	☐	☐
Ich schaue mir Werbung im Fernsehen an.	☐	☐	☐
Werbung nervt mich.	☐	☐	☐
Ich glaube, was in der Werbung steht, ist immer wahr.	☐	☐	☐

5 Bei manchen Aussagen habt ihr vielleicht verschiedene Meinungen.
Sprecht über eure Meinungen in der Klasse.

Legst du Wert auf Marken?

Wir-Gefühl statt Klamotten-Konkurrenz

→ Textknacker Umschlagklappe hinten

Nach einer aktuellen Umfrage lehnen mehr als die Hälfte der Bundesbürger die Einführung von Schuluniformen ab. Vor allem junge Menschen sind dagegen. Doch in Berlin und Hamburg wird das Thema wieder diskutiert. In einer Hamburger Schule stimmten die Eltern für die Schuluniform. Fast alle tragen die Uniform bereits seit sieben Jahren. Die Erfahrungen sind positiv. Niemand wird in der Klasse ausgegrenzt, weil er sich keine Marken-Kleidung leisten kann. Verhindert die Schuluniform Mobbing und Marken-Druck? Hamburger Wissenschaftler meinen: Jugendliche brauchen keine bestimmte Kleidung, um „cool“ zu sein.

1 a) Lest die Zeilen 12–14 in der Klasse vor.
b) Was ist eure Meinung dazu?

Legst du Wert auf Marken?

2 Lies die Fragen. Kreuze deine Antwort an.

1. Findest du selbst Schuluniformen gut?

☐ Ja ☐ Nein

2. Wie wichtig sind Marken in deiner Schule?

☐ sehr ☐ ziemlich ☐ weniger ☐ gar nicht

3. Bei welchen Dingen achtest du besonders auf die Marke?

☐ Handy ☐ Kleidung ☐ Schuhe ☐ Kosmetik

☐ Ernährung ☐ Getränke ☐ andere: ______________________

4. Findest du eine Marke gut, weil deine Freunde sie gut finden?

☐ Ja, sehr. ☐ ziemlich ☐ weniger ☐ Nein, gar nicht.

5. Denkst du, dass bekannte Marken auch bessere Qualität haben?

☐ Ja ☐ Nein

3 Vergleicht eure Ergebnisse.
Sprecht in der Klasse über eure Meinungen.

4 Male einen Entwurf für eine Schuluniform:

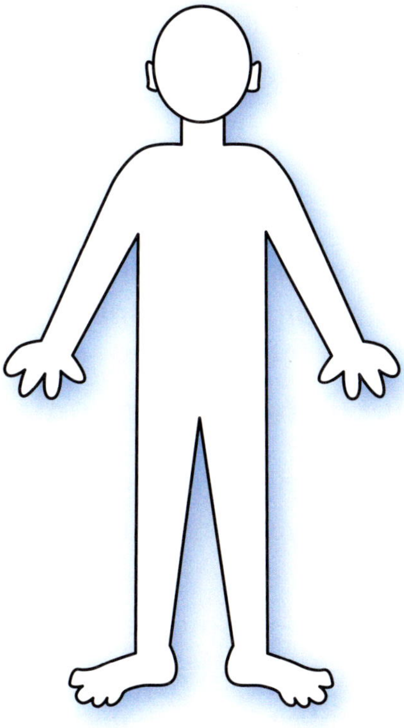

Die Schuldenfalle

Hast du ein Handy? Wer zahlt deine Gebühren?
Hast du schon einmal eine hohe Telefonrechnung gehabt?

Handytarife für Jugendliche

Mit speziellen Verträgen für Kinder und Jugendliche wollen die Handyanbieter euch vor Schuldenfallen beim Handy schützen. Sie bieten euch Tarife ohne Grundgebühren an. Außerdem versprechen sie euren Eltern Sicherheit bei den Kosten. Das funktioniert z. B. mit Pre-Paid-Karten. Pre-Paid ist Englisch und bedeutet „im Voraus bezahlt“.

Knappes Geld

1 Was kannst du mit dem Handy alles machen? Kreuze an.

Das kann ich mit dem Handy machen	Muss ich haben	Brauche ich nicht	Kostet das Geld?
Als Wecker benutzen	☐	☐	☐ Ja ☐ Nein
Bilder verschicken	☐	☐	☐ Ja ☐ Nein
Chatten	☐	☐	☐ Ja ☐ Nein
SMS schicken	☐	☐	☐ Ja ☐ Nein
Fotografieren	☐	☐	☐ Ja ☐ Nein
Im Internet bezahlen	☐	☐	☐ Ja ☐ Nein
Im Internet surfen	☐	☐	☐ Ja ☐ Nein
Logo wechseln	☐	☐	☐ Ja ☐ Nein
Musik herunterladen	☐	☐	☐ Ja ☐ Nein
Spielen	☐	☐	☐ Ja ☐ Nein
Telefonieren	☐	☐	☐ Ja ☐ Nein

2 Welche Funktionen kosten Geld? Sprecht darüber.

3 Überlegt gemeinsam, welche Funktionen ihr wirklich braucht.

4 In der Bildergeschichte weiß Kevin nicht, was eine Pre-Paid-Karte ist.
Kannst du ihm das nun erklären?

Das kann ich!

1 Richtig oder falsch? Kreuze an.

	richtig	falsch
Pre-Paid bedeutet „hinterher bezahlen“.	☐	☐
Mit einer Pre-Paid-Karte kann ich mich nicht verschulden.	☐	☐
In Nebenzeiten ist das Telefonieren günstiger.	☐	☐
Das Senden von SMS ist umsonst.	☐	☐
Ein Handy kann ich auch als Wecker benutzen.	☐	☐
Den PIN-Code brauche ich zur Sicherung meines Handys.	☐	☐

2 Du kannst diese Wörter finden und einkreisen.
Ihr könnt auch gemeinsam suchen.
Streiche sie hier durch, wenn du sie gefunden hast:

Guthabenkarte – Handy – Klingelton – Mailbox – MMS – Nebenzeit – Netzanbieter – PIN – Taktzeit – Tarif – Vertrag – Werbung

M	M	S	M	T	F	D	K	J	V	Z	L	F	T	D
Z	J	G	U	T	H	A	B	E	N	K	A	R	T	E
G	D	T	H	K	D	T	H	F	L	J	Z	V	F	J
T	I	U	T	A	K	T	Z	E	I	T	D	W	Q	S
L	G	Z	F	D	T	H	K	V	G	D	T	U	L	J
H	A	N	D	Y	L	G	Z	F	T	A	R	I	F	Z
F	T	D	R	F	E	W	A	F	H	K	L	O	P	U
P	I	N	M	B	V	M	A	I	L	B	O	X	Y	C
D	A	S	N	E	T	Z	A	N	B	I	E	T	E	R
L	K	J	H	G	F	D	S	A	W	E	R	T	Z	U
I	W	E	R	B	U	N	G	O	P	M	N	B	V	C
X	G	H	K	L	I	N	G	E	L	T	O	N	R	D
Z	H	U	J	K	V	C	D	T	S	A	S	G	H	R
U	J	K	G	Z	F	D	R	V	E	R	T	R	A	G
N	E	B	E	N	Z	E	I	T	N	H	T	U	Z	E

3 Ergänze die Sätze mit passenden Wörtern.

Über viele Dinge erfährst du in der ____________________.
(Werbung/Wertung)

Was in der Werbung steht, ist nicht immer ____________.
(wahr/gar)

Das liegt daran, dass es den ____________________________
(Herstellern/Untertellern)

wichtig ist, ihre Produkte zu ______________________.
(verleihen/verkaufen)

Deshalb sei kritisch, was die Werbung dir ____________________.
(vorspricht/verspricht)

Überlege, was du wirklich ___________________.
(brauchst/haben kannst)

Achte auch darauf, dass du die Kosten ________________.
(kennst/vergisst)

Lies in Verträgen und Werbungen immer auch

das ________________________________.
(Kleingedruckte/Großgedruckte)

Hier stehen oft die versteckten _________________.
(Kasten/Kosten)

4 Schreibe auf, was dich in diesem Kapitel besonders interessiert hat.

So wohnen wir

Ich heiße Marc. Ich wohne mit meiner Mutter in einer kleinen Wohnung. Leider habe ich kein eigenes Zimmer. Mein Vater wohnt in einer anderen Stadt. Er besucht uns einmal im Monat.

Ich heiße Kim. Ich lebe in einem Kinderheim. Ich habe hier ein eigenes Zimmer. Meine beste Freundin wohnt im Zimmer nebenan.

Mein Name ist Pia. Ich lebe mit meinen vier Geschwistern und meinen Eltern auf einem Bauernhof. Zu dem Hof gehört auch der Stall. Ich und meine Schwester Tina kümmern uns gerne um die Tiere.

Ich heiße Dominik. In unserem Haus wohnen viele junge und alte Leute. Hier leben drei Familien mit Kindern und Großeltern.

Ich bin Frau Schmidt. Ich bin die Oma von Marc. Seit zwei Jahren lebe ich im Altenheim. Als ich gemerkt habe, dass mir manches schwer fällt, bin ich hierhin umgezogen.

Mein Name ist Chara. Ich wurde in Äthiopien geboren. Mit drei Monaten bin ich adoptiert worden. Seit dem lebe ich mit meinen neuen Eltern und Geschwistern zusammen.

1 Was erzählen die Personen?

2 a) Wie ist es bei dir zu Hause?
b) Mit wem wohnst du zusammen?

Unsere Wohnung

Chara wohnt in einem Haus mit vier Stockwerken.
Die Wohnung der Familie ist im zweiten Stock.
Chara wohnt mit ihren Eltern und Geschwistern zusammen.
Sie hat auch ein Haustier, den Hamster Krümel.

Hier seht ihr eine Skizze von der Wohnung.

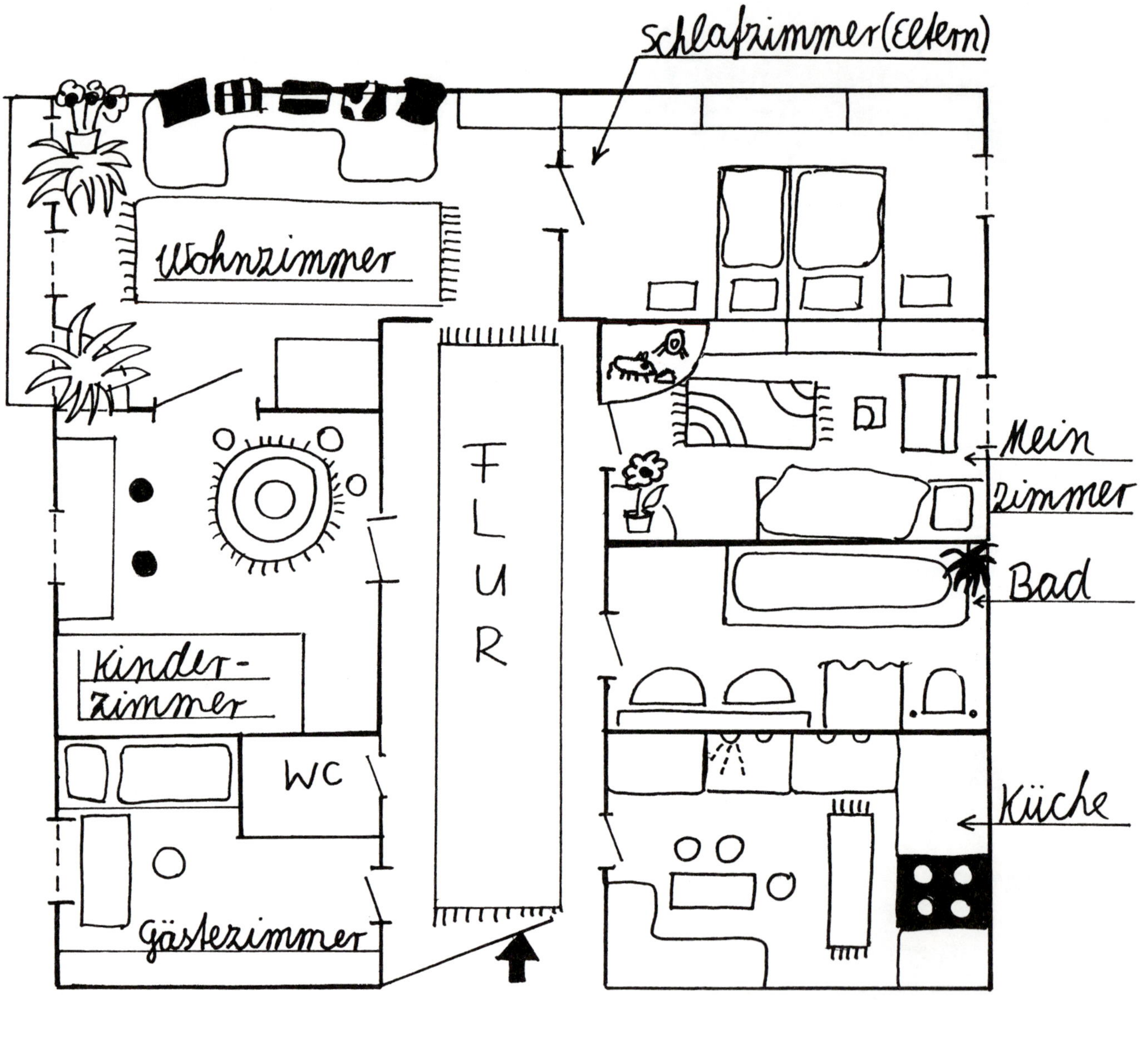

1 Sieh dir die Skizze an.
Welche Räume gibt es in Charas Wohnung?

2 Suche im Bild das Zimmer von Chara und male es bunt aus.
Hast du auch den Hamster gefunden?

Unsere Wohnung

3 Nimm dir ein Blatt. Zeichne eine Skizze von eurer Wohnung.

4 Wer wohnt mit dir in der Wohnung?

5 Wie ist dein Zimmer?
Male in deiner Skizze das Zimmer, in dem du wohnst, farbig aus.

6 Hast du Haustiere? Wenn ja, welche?

7 a) Was gefällt dir an deinem Zimmer?

Mir gefällt es gut, dass

b) Was gefällt dir nicht?

Mir gefällt es nicht, dass

So verbringe ich meine Freizeit

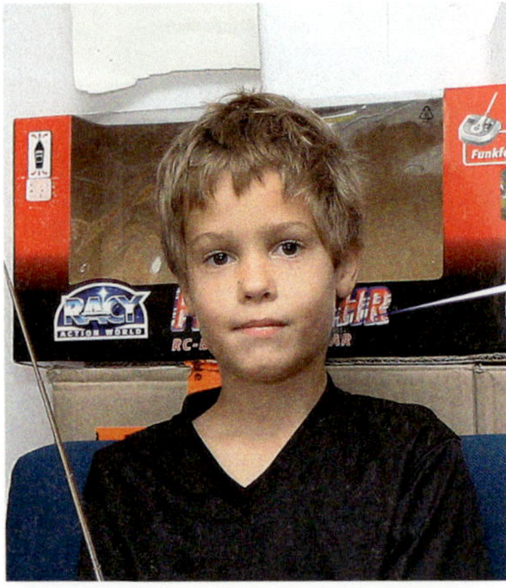

Marc

Nach den Hausaufgaben gehe ich
mit meinen Freunden zum Fußballspielen.
Manchmal besuche ich auch
meine Oma im Altenheim.

Nachmittags treffe ich mich mit Freunden.
Im Winter spielen wir oft am Computer.
Im Sommer gehe ich manchmal mit Pias
Familie schwimmen.

Chara

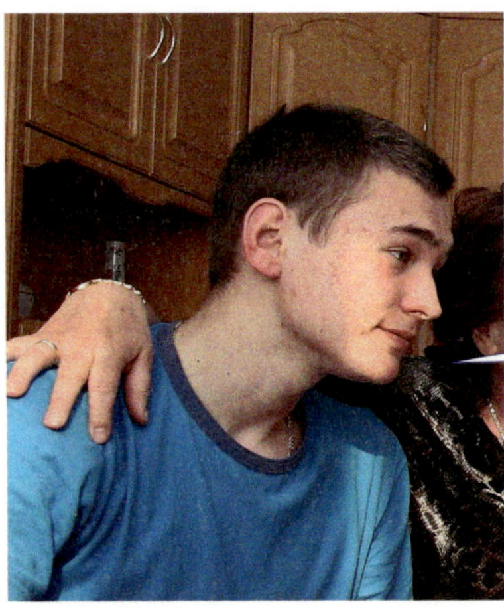

Dominik

Nach der Schule übe ich auf meiner Gitarre.
Mit einigen aus unserem Haus machen wir gemeinsam Musik.
Oder ich treffe mich mit Freunden.
Dann fahren wir mit dem Fahrrad herum.

1 Was machen Marc, Chara und Dominik in ihrer Freizeit?

2 Was machst du gerne in deiner Freizeit?

3 Wie viel Freizeit hast du pro Tag?

☐ 1–2 Stunden ☐ 3–4 Stunden ☐ mehr

So verbringe ich meine Freizeit

4 Wie verbringst du deine Freizeit?

	nie	manchmal	häufig
Ich spiele.	☐	☐	☐
Ich lese.	☐	☐	☐
Ich gucke Fernsehen.	☐	☐	☐
Ich bin am Computer.	☐	☐	☐
Ich zeichne oder bastle.	☐	☐	☐
Ich höre Musik.	☐	☐	☐
Ich spiele ein Instrument.	☐	☐	☐
Welches Instrument spielst du? ______________________			
Ich sorge für ein Haustier.	☐	☐	☐
Ich telefoniere.	☐	☐	☐
Ich schreibe Briefe, Geschichten …	☐	☐	☐
Ich bin Mitglied in einem Verein.	☐	☐	☐
Ich mache Sport.	☐	☐	☐
Mir ist langweilig.	☐	☐	☐
Mit wem verbringst du deine Freizeit?			
Ich bin mit Freunden unterwegs.	☐	☐	☐
Ich verbringe die Freizeit zu Hause mit Freunden.	☐	☐	☐
Ich verbringe Zeit mit meiner Familie.	☐	☐	☐

5 Das mache ich am liebsten in meiner Freizeit:

____

____

____

Unsere Freizeit – eine Wandzeitung

Es gibt viele verschiedene Möglichkeiten, eure Freizeit zu gestalten. In der Schule gibt es AGs*, in einem Verein oder in einem Jugendtreff könnt ihr Spaß haben und Freunde finden. Gemeinsam könnt ihr viele verschiedene Aktivitäten planen.

* AG: Arbeitsgemeinschaft

Die Klasse 5 b hat Informationen über verschiedene Freizeitmöglichkeiten gesammelt. Danach haben sie eine Wandzeitung gestaltet.

1 Sammelt Informationen über eure Freizeitmöglichkeiten. Die Texte und die Bilder könnt ihr nach Themen ordnen.

So könnt ihr vorgehen

- Legt für jedes Thema eine Materialkiste an.
- Besorgt euch mehrere Kisten.
- Schreibt jedes Thema auf eine farbige Karte.
- Klebt jede Karte auf eine Kiste.
- Ordnet eure Blätter und Bilder in die passenden Kisten ein.

2 Wo könnt ihr euch erkundigen?

→ im Internet
im Jugendtreff
im Rathaus
im Sportverein …

**Ihr habt euch erkundigt und viele Informationen gesammelt.
Auf einer Wandzeitung könnt ihr
alle Texte und Bilder übersichtlich präsentieren.**

3 Gestaltet eine Wandzeitung.

- Ihr braucht: ein Stück Tapete, eine Schere, Kleber.
- Hängt die Tapete quer an eine freie Wand.
- Jede Kiste hat ein eigenes Thema.
  Schreibt die Themen nebeneinander auf die Tapete.
  Achtung: Lasst genug Platz zwischen den Themen!
- Wählt zu jedem Thema Texte und Bilder aus.
- Schneidet Fotos und Bilder aus Zeitschriften aus.
- Findet im Internet weitere Texte und Bilder.
- Klebt die Texte und Bilder auf.
- Denkt euch zum Schluss eine Überschrift aus.

Wohnen früher und heute

Früher lebten und wohnten die Menschen anders als heute.

1 Wende die Schritte [1], [2] und [4] vom Textknacker an.

→ Textknacker Umschlagklappe hinten

So wohnten die Menschen früher

Hütten gehörten zu den ersten Behausungen der Menschen. Die Hütten schützten die Menschen im Sommer vor Hitze und im Winter vor Kälte. Noch heute leben in einigen Teilen der Welt Menschen in Hütten.

Im Mittelalter wohnten die meisten Menschen auf dem Lande. Die Familien lebten auf dem Bauernhof mit den Menschen zusammen, die für die Familie arbeiteten. In dem Haus wohnten die Familie und die Landarbeiter (Knechte, Mägde). Oft war auch der Stall im Haus. Menschen und Tiere schliefen unter einem Dach.

2 a) Wie heißen die ersten Behausungen der Menschen?
b) Wozu dienten die Hütten?

3 a) Wo wohnten die meisten Menschen im Mittelalter?
b) Mit wem wohnte die Familie in einem Haus zusammen?

Wohnen früher und heute

Vor 150 Jahren entstanden die ersten Fabriken in den Städten.
Viele Menschen zogen in die Städte, um dort zu arbeiten.

Neue Wohnviertel für Arbeiter sind entstanden.
In den Wohnungen lebten die Familien auf engstem Raum zusammen.
Oft wohnten 6 Personen in einem Zimmer.
Der einzige Raum, den man beheizen konnte, war die Küche.
Die Küche wurde auch als Wohnzimmer benutzt.
Ein Badezimmer in den Wohnungen gab es noch nicht.

4 a) Was hat das Leben der Menschen vor 150 Jahren geändert?
b) Wie lebten die Arbeiterfamilien?

5 Wie hat sich das Wohnen im Laufe der Zeit verändert?
Schreibe die Sätze zu Ende.

Die ersten Behausungen der Menschen waren ____________________.

Sie schützten die Menschen vor ______________________________.

Im Mittelalter wohnten die meisten Menschen ____________________
____.

Im Haus der Familie wohnten noch ______________________________.

Vor 150 Jahren entstanden die ersten ___________________________.

Viele Menschen zogen in die _________________________________.

Es entstanden neue _____________________________ für Arbeiter.

→ Hütten
Hitze und Kälte
auf dem Lande
Landarbeiter
Fabriken
Städte
Wohnviertel

Das kann ich!

1 a) Lies die Sätze.
b) Verbinde die Sätze mit den passenden Bildern.

Vor 150 Jahren entstanden
die ersten Fabriken.

So wohnten die Menschen
schon in der Steinzeit.

Oft schliefen auch die Tiere
nachts im Haus.

Sie schützten die Menschen
im Sommer vor Hitze und
im Winter vor Kälte.

Im Mittelalter wohnte
die Familie auf dem Lande
mit den Menschen zusammen,
die für die Familie arbeiteten.

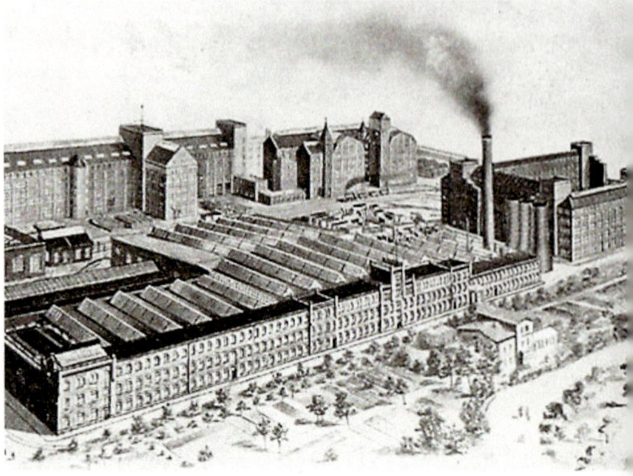

Neue Wohnviertel
entstanden, damit
die Menschen nah
an ihrer Arbeitsstätte wohnten.

2 Suche diese Wörter im Buchstabensalat.
Du kannst diese Wörter finden und einkreisen.
Streiche sie hier durch, wenn du sie gefunden hast:

FAMILIE – FREUNDE – ~~GESCHWISTER~~ – HAUS – KINDER – OMA –
KINDERHEIM – KINDERZIMMER – MUTTER – OPA – VATER – WOHNUNG

G	E	S	C	H	W	I	S	T	E	R	A	K	A	A
P	A	Q	A	Y	A	E	K	I	N	D	E	R	S	R
W	O	H	N	U	N	G	I	C	H	D	H	A	U	S
R	F	O	X	Q	V	C	O	M	U	T	T	E	R	Z
A	L	E	H	O	P	A	L	O	T	D	Z	U	K	G
V	J	G	K	R	L	O	M	A	T	L	K	E	J	I
E	M	F	A	M	I	L	I	E	L	N	R	E	R	K
R	L	Y	U	T	S	F	I	R	D	Ä	U	K	L	L
P	W	T	Z	Q	N	T	D	A	Ä	A	O	A	O	A
K	I	N	D	E	R	Z	I	M	M	E	R	F	T	D
N	T	Ä	A	L	A	A	A	V	A	T	E	R	U	T
K	I	N	D	E	R	H	E	I	M	N	H	E	E	G
F	R	E	U	N	D	E	N	B	I	P	W	U	V	E

3 Was machst du am liebsten in deiner Freizeit?
Male oder klebe ein Bild ein.

Deutschland hat viele Gesichter

* gesprochen: Privjet! Mjenja zovut Aleksander. Ja iz Rossii.

Wir alle leben in Deutschland.
Wir alle wohnen in der gleichen Stadt.
Wir besuchen alle die gleiche Schule und gehen in die gleiche Klasse.

1 Wie heißt du? Woher kommst du?
Klebe hier ein Foto von dir ein oder male ein Bild von dir.
Stelle dich in der Sprechblase vor.

2 Und wie ist es mit deinen Mitschülerinnen und Mitschülern?

a) Aus wie vielen Ländern kommen sie?

Aus ☐ Ländern.

b) Aus welchen Ländern kommen sie?

aus Deutschland,

3 Wie viele Sprachen werden in deiner Klasse gesprochen?

a) ☐ Sprachen.

b) Welche Sprachen sind das?

Deutsch,

Ein Interview führen

Wie war das damals?

Murat will wissen, wie das war, als seine Familie nach Deutschland kam. Er befragt seinen Opa. Dazu schreibt er sich zunächst ein paar Fragen auf, auf die er eine Antwort bekommen möchte.

- Wann ist unsere Familie nach Deutschland gekommen?
- Wie alt warst du damals?
- Warum ist unsere Familie nach Deutschland gekommen?
- Wo kam unsere Familie genau her?
- Wie fandest du es anfangs in Deutschland?
- Was war damals anders als heute?
- Wie findest du es heute in Deutschland?

Lisas Familie kommt aus Deutschland. Aber sie weiß noch wenig über das Leben ihrer Eltern und Großeltern. Deshalb möchte auch sie Näheres über die Geschichte ihrer Familie erfahren. Leider wohnen ihre Großeltern weit weg. Daher notiert sie sich folgende Fragen für ihre Mutter:

- Wo hast du als Kind gelebt?
- Was war damals anders als heute?
- Was war früher besser als heute?
- Was war schlechter?
- Wo bist du auf die Schule gegangen?
- Wie waren deine Lehrer?
- Was war in der Schule anders als heute?
- Was hast du nachmittags gemacht?

Am Abend befragt Murat seinen Opa:

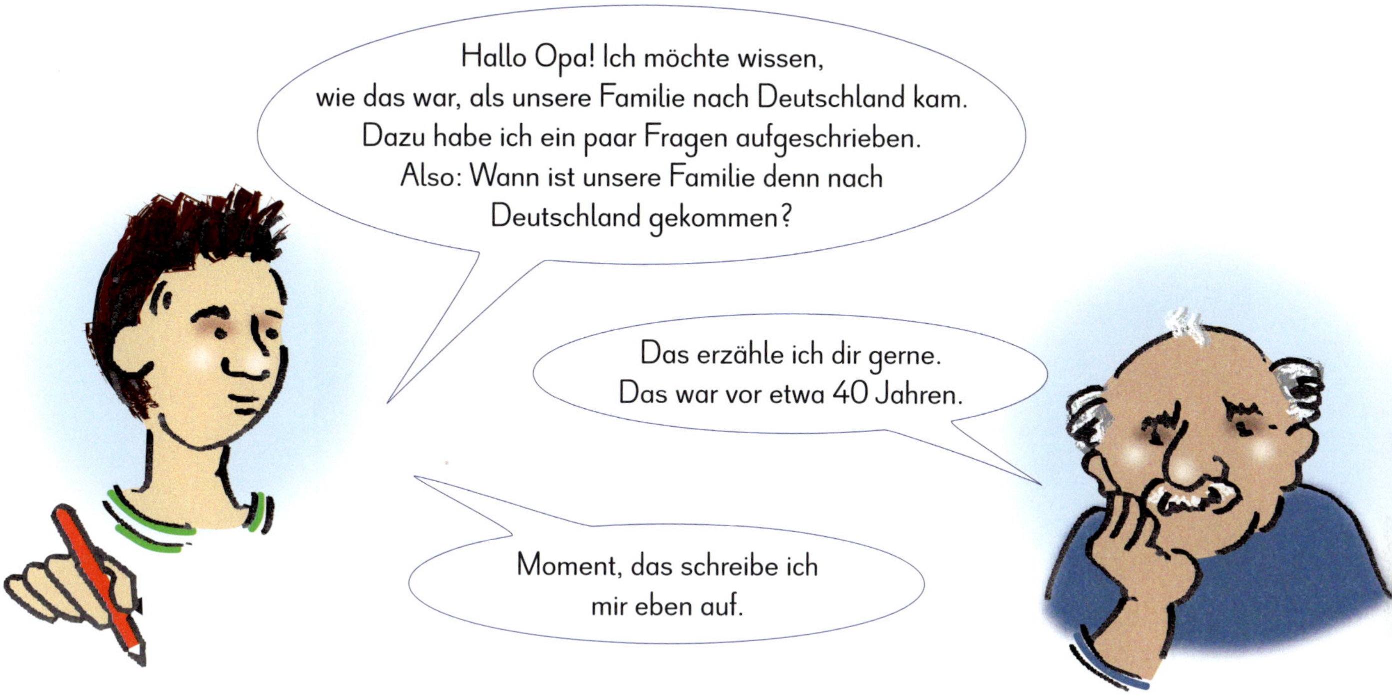

Und wie war das bei deiner Familie?

Diese fünf Schritte helfen dir bei deinem Interview:

1. Wen kannst du in deiner Familie befragen?
   Schreibe den Namen hier auf:

   ____

2. Überlege: Was willst du in dem Interview erfahren?
   Denke dir eine passende Überschrift aus (z. B. „Unsere Familiengeschichte").
   Schreibe sie auf:

   ____

3. Überlege dir einige Fragen.
4. Schreibe die Fragen auf.
   Lass hinter jeder Frage etwas Platz für die Antworten.
5. Vielleicht gibt es ja sogar Fotos von früher?
   Frage danach und bring sie mit in die Schule, wenn du darfst.
6. Vergiss nicht, dich hinterher für das Interview zu bedanken!

Dazugehören

Das Bild zeigt sieben Schülerinnen und Schüler.
Sie kommen aus sieben Ländern und gehen in eine Klasse.

1 Die sieben Schüler lernen gemeinsam.
- Was können sie noch zusammen machen?
- Wo könnten sie Probleme haben?

Marina ist seit einem Jahr an dieser Schule. Sie erzählt:

„Als ich am ersten Tag in der Schule war, hatte ich Angst. Ich habe gedacht, dass ich niemals Deutsch sprechen werde. Es war gerade Mathe und ich war sehr aufgeregt. Ich verstand nur die Zahlen, sonst nichts. Da hat der Lehrer die Aufgabe an die Tafel geschrieben. Die Aufgabe konnte ich lösen. Als die anderen mich fragten, wie ich das gemacht habe, konnte ich gar nichts sagen. Im Deutschunterricht war es noch schlimmer. Ich saß einfach nur da. Ich konnte aber nicht mitreden. Jetzt verstehe ich alles und spreche ein bisschen besser. Jetzt habe ich auch viele Freunde, die mich verstehen."

2 Was hat Marina am Anfang der Schule erlebt?
Wie fühlt sie sich jetzt in der Klasse?

3 Wie ist es bei euch in der Klasse?

In unserer Klasse sind ____________ Schüler.

Sie kommen aus ____________ verschiedenen Ländern.

Diese Sprachen werden in unserer Klasse gesprochen:

____

____

4 Vielleicht war schon jemand aus eurer Klasse im Ausland.
Was kann helfen, wenn man eine fremde Sprache nicht versteht?
Sprecht darüber.

Die Schüler einer 5. Klasse haben für das Schulfest Brot gebacken.

5 Welche Wörter für Brot kennst du? Wie heißt Brot in deiner Sprache?

____

Christentum und Islam

Hier könnt ihr über zwei Weltreligionen lesen.

1 Wende die Schritte 1 und 4 vom Textknacker an.

➔ Textknacker Umschlagklappe hinten

Die Begründer

Jesus Christus lebte vor etwa 2000 Jahren. Für Christen ist er die wichtigste Gestalt ihres Glaubens.

Mohammed ist der Begründer des Islam. Er lebte von 570 bis 632 nach Christus. Die Menschen, die an ihn glauben, nennt man Moslems.

Die heilige Schrift

Die heilige Schrift der Christen ist die Bibel. Sie besteht aus zwei Teilen: aus dem Alten und aus dem Neuen Testament. In der Bibel stehen viele Geschichten über Jesus und seine Taten.

Die heilige Schrift der Moslems heißt Koran. Der Gott heißt Allah. Im Koran stehen Geschichten über Allah und viele Regeln über das Zusammenleben der Menschen.

Das Gotteshaus

Christen gehen sonntags in die Kirche. Dort beten sie und hören von Jesus und Gott.

Moslems gehen freitags in die Moschee und beten dort gemeinsam. Die Männer und die Frauen beten getrennt.

Christentum und Islam

2 a) Welche Gemeinsamkeiten haben beide Religionen?
b) Welche Unterschiede gibt es?

3 Kreuze an, ob die Aussagen auf Christen oder Moslems zutreffen.

a) Mohammed ist der Begründer des …

☐ Christentums ☐ Islam

b) Für sie ist Jesus die wichtigste Gestalt ihres Glaubens.

☐ Christen ☐ Moslems

c) Das Buch, in dem ihre Geschichten über Gott stehen, heißt Bibel.

☐ Christen ☐ Moslems

d) Das Buch, in dem ihre Geschichten über Gott stehen, heißt Koran.

☐ Christen ☐ Moslems

e) Sie beten in der Moschee.

☐ Christen ☐ Moslems

f) Sie beten in der Kirche.

☐ Christen ☐ Moslems

4 Arbeite mit einem Partner zusammen.

a) Lest euch die Sätze vor.
b) Jeder kreuzt für sich eine passende Aussage an.
c) Vergleicht eure Aussagen und sprecht darüber.

Ich bin getauft.	☐	Ich bin Moslem.	☐
Ich bin evangelisch.	☐	Ich habe eine andere Religion.	☐
Ich bin katholisch.	☐	Ich habe keine Religion.	☐

Das kann ich!

1 Weißt du noch, wie du das Interview durchgeführt hast? Erinnere dich an die einzelnen Schritte. Trage ein.

Als Erstes habe ich mir ein paar ______________________ überlegt.

Die habe ich ______________________. Dabei war es

wichtig, ________________ für die Antworten zu lassen.

Dann konnte ich das Interview ______________________.

Ich habe die ________________ gestellt und

die ______________________ aufgeschrieben.

Auch nach ____________________ von früher habe ich gefragt,

um sie in der Schule zu ____________________.

Und als das ______________________ zu Ende war,

habe ich mich ____________________.

→ Antworten, aufgeschrieben, bedankt, durchführen, Fragen, Fragen, Fotos, Interview, Platz, zeigen

2 Wer oder was ist gemeint? Hilfen findest du auf Seite 64.

Er lebte vor 2000 Jahren: _ _ _ _ _ (2. Buchstabe: 2)

Die Menschen, die an Mohammed glauben, nennt man: _ _ _ _ _ _ _. (3. Buchstabe: 3, 5. Buchstabe: 8)

Dieses Buch besteht aus dem Alten und Neuen Testament: _ _ _ _ _. (2. Buchstabe: 4)

Die heilige Schrift des Islam heißt: _ _ _ _ _ (3. Buchstabe: 9)

Dorthin gehen Christen zum Gottesdienst: _ _ _ _ _ _ (4. Buchstabe: 5, 5. Buchstabe: 6)

An diesem Tag beten gläubige Muslime in der Moschee: _ _ _ _ _ _ _ (5. Buchstabe: 7, 7. Buchstabe: 1)

Lösungssatz: Deutschland hat viele _ _ _ _ _ _ _ _ _! (1 2 3 4 5 6 7 8 9)

3 „Alles Gute zum Geburtstag“ kann man in vielen Sprachen sagen. Versucht es mal!

Joyeux anniversaire!

Sprache: _ _ _ _ _ _ _ _ _ _ _

Buon compleanno!

Sprache: _ _ _ _ _ _ _ _ _ _ _

Feliz compleaños!

Sprache: _ _ _ _ _ _ _ _

Doğum günün kutlu olsun!

Sprache: _ _ _ _ _ _ _ _

Gelukkige verjaardag!

Sprache: _ _ _ _ _ _ _ _ _ _ _ _ _ _

Wszystkiego najlepszego z okazji urodzin!

Sprache: _ _ _ _ _ _ _ _

Happy birthday to you!

Sprache: _ _ _ _ _ _ _ _

4 Welcher Satz gehört zu welcher Sprache? Findet heraus und tragt ein.

→ Englisch
Französisch
Italienisch
Niederländisch
Polnisch
Spanisch
Türkisch

5 Kann in eurer Klasse jemand diesen Satz in einer weiteren Sprache sagen? Schreibt ihn hier auf:

Feste feiern

1 Was feiern die Kinder?

2 Wie heißen diese Feste bei euch?

Es gibt Feste und Feiertage, die du **aus der Schule** kennst.
Fasching oder **Sommerfest** hast du bestimmt schon in deiner Schule gefeiert.
Es gibt auch **Feste,** die du **zu Hause mit Freunden** oder mit deiner **Familie** feiern kannst.

3 Sieh dir die Bilder an.

a) Was für ein Fest ist das?
b) Wo oder mit wem hast du dieses Fest schon einmal gefeiert?

	Dieses Fest heißt bei uns …	Wo? Mit wem?
	Dieses Fest heißt bei uns …	Wo? Mit wem?
	Dieses Fest heißt bei uns …	Wo? Mit wem?
	Dieses Fest heißt bei uns …	Wo? Mit wem?

Feste und Feiertage im Herbst

Es gibt Feste, die einen kirchlichen Hintergrund haben. Es gibt auch Feste, die aus anderen Kulturen kommen. Für viele Feste haben sich Bräuche* entwickelt.

* Brauch, Bräuche: Eine feste Gewohnheit einer Gemeinschaft.

Das Erntedankfest

Das Erntedankfest ist ein Fest, das nach der Ernte im Herbst gefeiert wird. Die Menschen danken Gott für die gute Ernte. An diesem Tag spenden die Menschen als Erntedank in vielen Kirchen Obst und Gemüse. Die Kirche verteilt die Lebensmittel an Leute, die nicht so viel zu essen haben.

Halloween

Halloween ist ein Fest, das aus Amerika zu uns gekommen ist. In Deutschland wird es erst seit ein paar Jahren gefeiert. Halloween ist in Deutschland also kein altes Fest. Es wird am 31. Oktober am Abend gefeiert. Die Kinder schnitzen Kürbisse, die mit einer Kerze oder einem Teelicht beleuchtet werden. Diese Kürbisköpfe sollen die Familie vor den bösen Geistern schützen. Die Kinder verkleiden sich oft auch als Hexen oder Geister.

1 Ordne die Bilder den Festen zu.

Halloween | Erntedankfest | Sankt Martin

Feste und Feiertage im Herbst

Im Herbst liegen viele Feste und Feiertage.
Je nachdem, wo du in Deutschland wohnst, sind einige Feiertage mehr, andere weniger bekannt.

2 Wie heißen diese Feste oder Feiertage?
Die Geheimschrift hilft dir dabei.

Ende September/Anfang Oktober feiern wir ein Fest, an dem die Christen Gott für eine gelungene Ernte danken.

Das Fest heißt E_ _ _ _ _ _ _ _ _ _ _ _. ☐
5 18 14 20 5 4 1 14 11 6 5 19 20

Am 3. Oktober 1990 wird ein deutscher Gedenk-Tag gefeiert.

Dieser Tag heißt T_ _ D_ _
20 1 7 4 5 18

D_ _ _ _ _ _ _ _ E_ _ _ _ _ _. ☐
4 5 21 20 19 3 8 5 14 5 9 14 8 5 9 20

Am 31. Oktober werden zwei Feste gefeiert: Die evangelische Kirche feiert Martin Luther, der vieles in der Kirche erneuert („reformiert") hat. Daher heißt der Tag

R_ _ _ _ _ _ _ _ _ _ _ _ _ _. ☐
18 5 6 15 18 13 1 20 9 15 14 19 20 1 7

Besonders Kinder und Jugendliche feiern am 31. Oktober gerne auch ein Gruselfest: H_ _ _ _ _ _ _ _. ☐
8 1 12 12 15 23 5 5 14

Am 1. November feiert die katholische Kirche ein Fest, an dem an alle Heiligen gedacht wird.

Es heißt daher A_ _ _ _ _ _ _ _ _ _ _ _. ☐
1 12 12 5 18 8 5 9 12 9 7 5 14

Am 11. November wird in vielen Gegenden mit Laternen und vielen Liedern S_ _ _ _ M_ _ _ _ _ gefeiert. ☐
19 1 14 11 20 13 1 18 20 9 14

1	A
2	B
3	C
4	D
5	E
6	F
7	G
8	H
9	I
10	J
11	K
12	L
13	M
14	N
15	O
16	P
17	Q
18	R
19	S
20	T
21	U
22	V
23	W
24	X
25	Y
26	Z

3 Trage die Feste in den Kalender auf Seite 80 ein.

4 Welche von diesen Festen hast du schon einmal gefeiert?
Mache ein Kreuz daneben.

Feste im Winter – Advent und Weihnachten

Ende November, Anfang Dezember wird es feierlich:
Die Adventszeit beginnt.
„Advent" bedeutet eigentlich Ankunft.
Die Christen erwarten die Ankunft von Jesus.
An Weihnachten wird seine Geburt gefeiert.
An den vier Sonntagen vor Weihnachten feiern Christen den Advent.

1 Was bedeutet das Wort „Advent"?

2 Was wird im Advent gefeiert?

3 Was wird an Weihnachten gefeiert?

4 Was passiert bei euch zu Hause in der Adventszeit und an Weihnachten?

5 Sieh dir die beiden Bilder an:
Vor Weihnachten und nach Weihnachten – was hat sich verändert?
Male die Unterschiede aus.

Feste im Winter – Nikolaus

Am 6. Dezember wird in vielen Ländern Nikolaus gefeiert.

Mein Name ist Nikolaus von Myra. Meine Heimatstadt liegt in der heutigen Türkei. Der Ort heißt heute Demre. Ich war vor 1700 Jahren ein Bischof. Ich habe mich immer für die Kinder eingesetzt und ihnen geholfen. Deshalb bin ich auch der Schutzpatron* der Kinder.

Am Abend vor dem Nikolaustag stellen viele Kinder ihre Schuhe vor die Tür. Sie hoffen, dass sie mit Süßigkeiten gefüllt werden.

* Schutzpatron = Beschützer

6 Der heilige Nikolaus lebte vor 1700 Jahren und

war ein B ____________________.

Er ist Schutzpatron der ____________________.

7 Male den Nikolaus an:
der Umhang ist rot,
das Kleid ist hellgrau,
die Tiara (Mütze) ist rot mit gelbem Streifen,
der Schal ist rot mit gelben Kreuzen,
der Stock ist silbern oder grau,
das Buch in seiner Hand ist schwarz,
der Bart bleibt weiß.

8 Wird bei euch zu Hause der Nikolaustag gefeiert? Wenn ja: Wie?

Feste im Frühjahr – Karneval, Fastnacht, Fasching

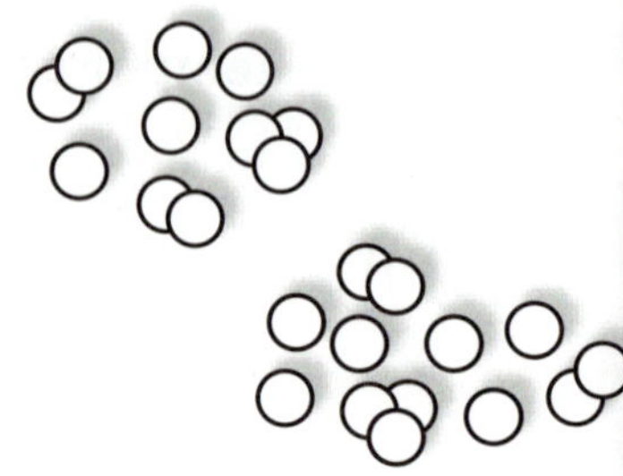

Karneval, Fastnacht, Fasching – diese drei Bezeichnungen stehen für das gleiche Fest.
Die Menschen verkleiden sich und feiern bis Aschermittwoch.

Die Faschingszeit beginnt am 11.11. um 11:11 Uhr.
Die eigentliche Faschingswoche liegt aber erst im Februar oder März und dauert eine Woche: von Donnerstag (Weiberfastnacht oder Schmutziger Donnerstag) bis Aschermittwoch.

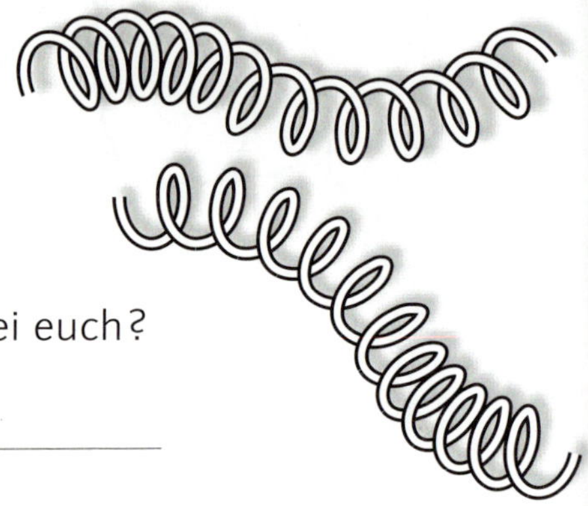

1 Feierst du gerne Fasching?

☐ ja ☐ nein

2 Karneval, Fastnacht oder Fasching – wie heißt das Fest bei euch?

____

3 Als was warst du beim letzten Fasching verkleidet?

____

4 Male deine Verkleidung:

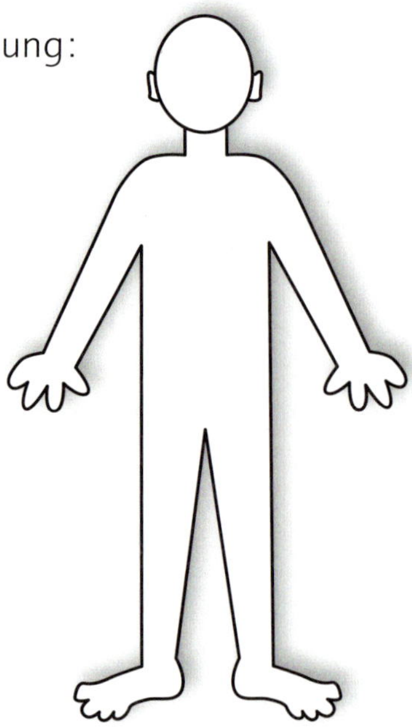

5 Trage in den Kalender auf Seite 80 ein,
wann dieses Jahr die Faschingswoche ist oder war.

6 Male die Faschingsdekoration auf dieser Seite bunt an.

Feste im Frühjahr – Ostern

Ostern ist ein kirchliches Fest.
An Ostern denken die Christen an das Leiden und Sterben von Jesus.
Am Ostersonntag feiern sie seine Auferstehung von den Toten.

1 Seht euch die Bilder an.
Was könnt ihr auf den Bildern erkennen?

Illustrationen: Eva Bruchmann.

2 Ergänze die Sätze.

An Ostern denken die Christen an das Leiden

und ______________ von Jesus.

Die Auferstehung von Jesus wird am ______________

gefeiert.

→ Sterben
Ostersonntag

3 Informiert euch über die Ostergeschichte.

a) Wen könnt ihr befragen?
b) Wo könnt ihr euch erkundigen?

→ in einer Kinderbibel,
beim Religionslehrer,
...

4 Trage in den Kalender auf Seite 80 ein, wann dieses Jahr Ostersonntag war oder ist.

Feste in anderen Religionen:
Şeker Bayramı – Das muslimische Zuckerfest

**Das Zuckerfest wird zum Abschluss des Ramadan gefeiert.
Der Ramadan ist der islamische Fastenmonat.
Während des Ramadan dürfen Moslems tagsüber nichts trinken oder essen, auch keinen Bonbon oder Kaugummi.
Das Fasten beginnt früh morgens und endet abends.**

Murat erzählt auf Türkisch.

1 Müslümanlar Ramazan ayında oruç tutarlar.
2 Ondan sonra üç gün süresince
3 Şeker Bayramı kutlanır. Güzel giyinilir.
4 Tatlılar yapılır, yemekler pişirilir.
5 Çocuklar büyüklerin ellerini öperler.
6 Büyükler onlara para, şeker ve hediyeler verirler.

Moslems fasten während des Ramadan.
Danach feiert man drei Ta
lang das Zuckerfest.
Alle ziehen sich schön an.
Es wird gefeiert, gekocht, gebacken und gegessen.
Die Kinder gratulieren den Erwachsenen.
Sie bekommen dafür Geld
Süßigkeiten und Geschen

1 Gibt es bei euch Kinder in der Klasse, die den türkischen Text vorlesen können?

2 Wie wird bei muslimischen Familien das Zuckerfest gefeiert?

3 Ergänze die Sätze.

Bei den Moslems gibt es ein wichtiges religiöses Fest,

das ______________________ dauert.

Es heißt auf Türkisch ______________________.

Das bedeutet ______________________.

Es wird immer zum Abschluss des ______________________ gefeiert.

→ drei Tage
Ramadan
Şeker Bayramı
Zuckerfest

4 Das Zuckerfest ist jedes Jahr zu einer anderen Zeit.

a) Finde heraus, wann in diesem Jahr das Zuckerfest ist oder war.
b) Trage das Zuckerfest in den Kalender auf S. 80 ein.

Feste in anderen Religionen: Das jüdische Pessach-Fest

Jedes Jahr im Frühling feiern die Juden das Pessach-Fest. Es dauert sieben Tage. Mit diesem Fest wird daran erinnert, dass die Juden vor 3500 Jahren aus der Gefangenschaft in Ägypten befreit wurden. Diese Geschichte wird an dem ersten Abend des Festes aus einem Buch (Haggada) vorgelesen.

Den ersten Abend feiert die ganze Familie mit einem Festessen. Die Kinder bekommen Geschenke. Ein Stück Brot wird versteckt, das alle suchen müssen. Wer es findet, bekommt eine Belohnung.

1 Löse das Kreuzworträtsel.

1				U					
2					E				
3				Ü					
4		S							
5					E				
6		H		G					
7					H				
8				F					
9	F						E		

1 = Menschen, die den jüdischen Glauben haben, nennt man ...
2 = So viele Tage dauert das Pessach-Fest.
3 = In dieser Jahreszeit findet das Pessach-Fest statt.
4 = Während des Festes wird ein Stück Brot versteckt, das alle ... müssen.
5 = Den ersten Abend des Pessach-Festes feiert die Familie mit einem ...
6 = So heißt das Buch über die Befreiungsgeschichte.
7 = Wer das versteckte Stück Brot findet, bekommt eine ...
8 = Mit dem Pessach-Fest wird daran erinnert, dass die Juden vor langer Zeit aus der Gefangenschaft ... wurden.
9 = Das Pessach-Fest feiert man mit der ganzen ...

Das Lösungswort kannst du von oben nach unten in den fett markierten Kästchen lesen.

Das Lösungswort heißt: J ____________________

Wir planen ein Klassenfest!

Hier beginnt gleich ein Klassenfest.
Die Schülerinnen und Schüler haben
in den letzten Wochen ihr Fest vorbereitet.

Gelegenheiten zum Feiern gibt es immer wieder.
Welches Fest würdet ihr gerne einmal zusammen feiern?

1 Besprecht gemeinsam, welches Fest ihr miteinander feiern wollt.

→ Faschingsfest, Sommerfest, Zuckerfest, Laternenfest ...

2 Besprecht gemeinsam:
- Wann und wo soll das Fest stattfinden?
- Wer soll eingeladen werden?
- Was soll während des Festes passieren?

Bei der Vorbereitung des Klassenfestes hilft ein Arbeitsplan.

Unser Klassenfest

Was?	Wer?	Wann?	Erledigt?
Termin und Raum für das Fest festlegen	alle	4 Wochen vor dem Termin	☒
Eltern um Hilfe und Spenden bitten	alle	3 Wochen vor dem Termin	☐
die Einladungen schreiben	______	___ Wochen vor dem Termin	☐
die Dekoration planen, basteln, besorgen; den Raum schmücken	______		☐
Vorschläge für das Programm sammeln und besprechen	______		☐
Essen und Getränke planen, einkaufen, zubereiten	______		☐
Nach dem Fest: – Geschirr spülen – aufräumen	______		☐

3 Plant euer Klassenfest.
Erstellt dazu einen eigenen Arbeitsplan.

Feste rund um das Jahr – der Kalender

Hier siehst du einen Kalender.

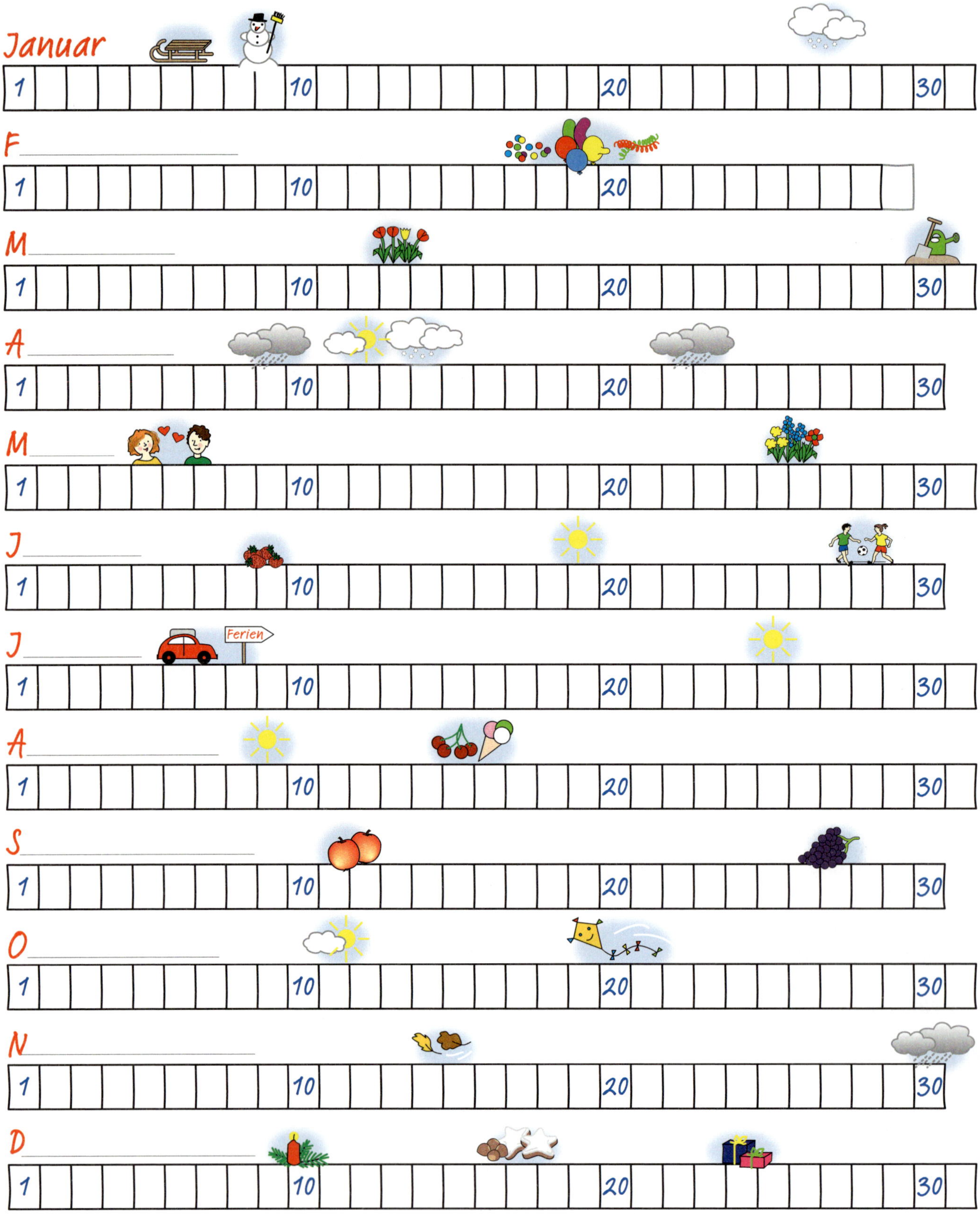

Feste rund um das Jahr – der Kalender

1 Bei diesem Kalender fehlt etwas: die Monatsnamen.
Wie heißen die zwölf Monate?

a) Schreibe sie in der richtigen Reihenfolge auf:

b) Trage die Monate in den Kalender ein:
Januar, Februar, ...

2 Wann beginnen die Jahreszeiten?

a) Vervollständige die Sätze:

Am 22. Dezember beginnt der ______________________.

Am 21. März beginnt der ______________________.

Am 23. September beginnt der ______________________.

Am 21. Juni beginnt der ______________________.

→ Frühling
Sommer
Herbst
Winter

b) Welche Jahreszeit haben wir zurzeit?

3 Wann ist dein Geburtstag?
Trage ihn in den Kalender ein.

4 Frage deine Eltern, Geschwister und Freunde, wann sie Geburtstag haben. Trage ihre Geburtstage in den Kalender ein.

5 Wann sind die Sommerferien bei euch?
Trage den Termin in den Kalender ein.

6 In den Kalender kannst du alle Feiertage eintragen, die in diesem Kapitel vorkommen.
Schlage noch einmal auf Seite 71, 74, 75 und 76 nach.

Das kann ich!

1 Was wird an diesen christlichen Festtagen gefeiert?

Ostern: ______________________

____

Erntedankfest: ______________________

____

Weihnachten: ______________________

____

2 Wann liegen diese Herbst-Feste und Feiertage?
Hilfen findest du auf Seite 71.

Tag der deutschen Einheit: ______________________

Reformationstag: ______________________

Halloween: ______________________

Sankt Martin: ______________________

Allerheiligen: ______________________

3 Welche Feste sind gemeint?

An diesen lustigen Tagen verkleiden sich die Menschen und feiern ausgelassen:

____

An diesem Fest ziehen in vielen Gegenden Kinder mit Laternen durch die Straßen und singen Lieder dazu:

____

4 Welches islamische Fest hast du in diesem Kapitel kennen gelernt?

____

5 Was passiert während des Ramadan?
Kreuze die richtigen Sätze an.

- [ ] Während des Ramadan dürfen die Menschen nichts essen.
- [ ] Während des Ramadan dürfen die Menschen trinken.
- [ ] Das Fasten beginnt mittags.
- [ ] Das Fasten endet abends.
- [ ] Die Fastenzeit endet mit dem Zuckerfest.
- [ ] „Zuckerfest“ heißt auf Türkisch „Şeker Bayramı“.

6 Welches jüdische Fest hast du in diesem Kapitel kennen gelernt?

____

7 Welche Aussagen zum Pessach-Fest sind richtig?
Kreuze an.

- [ ] Das Pessach-Fest findet im Frühling statt.
- [ ] Es dauert sechs Tage.
- [ ] Das Fest erinnert an die Befreiung der Juden aus der Gefangenschaft.
- [ ] Den ersten Abend des Pessach-Festes feiert die Familie mit einem Spaziergang.
- [ ] Die Kinder bekommen etwas geschenkt.
- [ ] Ein Stück Brot wird versteckt. Wer es findet, bekommt eine Belohnung.

8 Welches Fest feierst du am liebsten?

____

Lexikon

Adoption, adoptiert	Adoption bedeutet die Annahme eines Kindes. So können Erwachsene ein Kind, das nicht ihr eigenes Kind ist, in die Familie aufnehmen. Wenn ein Kind von den neuen Eltern angenommen wird, ist das Kind adoptiert.
Advent	Das Wort Advent bedeutet Ankunft. Für die Christen beginnt in dieser Zeit die Vorbereitung auf Weihnachten. Oft wird ein Adventskranz mit vier Kerzen angefertigt. Die Kerzen werden an den vier Sonntagen vor Weihnachten angezündet.
das Altenheim, die Altenheime	Das Altenheim ist eine Wohnform für ältere Menschen. In dieser Einrichtung werden sie betreut und gepflegt. Ein anderes Wort dafür ist Seniorenheim.
die Bibel	Die Bibel ist das heilige Buch der Christen. Sie erzählt, wie Gott die Welt erschaffen hat. In der Bibel stehen viele Geschichten über Jesus.
der Brauch, die Bräuche	Das Wort Brauch kommt aus der alten deutschen Sprache. Es bedeutet eine feste Gewohnheit einer Gemeinschaft. Ein anderes Wort dafür ist Tradition.
chatten	„Chatten" (sprich: tschätten) ist das englische Wort für „sich unterhalten". Wir chatten, wenn wir uns im Internet mit jemandem unterhalten.
das Christentum	Das Christentum ist eine Religion, die auf Jesus Christus zurückgeht. Die meisten religiösen Menschen in Deutschland sind Christen.
die Demokratie	Das Wort kommt aus der griechischen Sprache und bedeutet Volksherrschaft. Anders als bei einer Königsherrschaft dürfen in einer Demokratie die Angehörigen des Volkes die Politik mitbestimmen. Das geschieht durch Wahlen und Abstimmungen.

die Familie, **die Familien**	Menschen, die miteinander verwandt sind, bilden eine Familie. Wir unterscheiden zwischen Kleinfamilien und Großfamilien. Kleinfamilien leben in einem Haushalt zusammen (Eltern und Kinder). Zur Großfamilie gehören auch alle anderen Verwandten.
die Großeltern	Großeltern nennen wir die Eltern von Vater und Mutter. Die meisten Kinder sagen Oma und Opa zu ihnen.
der Haushalt, **die Haushalte**	Ein Haushalt besteht aus mehreren Personen, die miteinander verheiratet oder verwandt sind (**Familie**). Diese Personen leben und wirtschaften zusammen. Dazu gehört, dass sie die Aufgaben im Haushalt aufteilen: Einkaufen, Kochen, Wäsche waschen, Wohnung reinigen und vieles mehr. Personen, die nicht verheiratet sind, können eine **Wohngemeinschaft** bilden.
das Interview, **die Interviews**	Ein Interview ist die Befragung einer Person. Für das Gespräch sind Fragen festgelegt worden. Das Gespräch kann schriftlich oder als Tonaufnahme festgehalten werden.
der Islam	Der Islam ist eine Religion, die auf den Propheten Mohammed zurückgeht. Menschen, die an den Islam glauben, heißen Moslems oder Muslime.
der Job, **die Jobs**	Das Wort kommt aus der englischen Sprache und bedeutet Arbeitsplatz oder Stelle. Ein Job kann auch eine kurzfristige Tätigkeit sein (z. B. Zeitungen am Wochenende austragen).
der Jugendtreff	So nennen wir die Einrichtungen für Jugendliche. Diese Einrichtungen werden auch Jugendcafé oder Jugendfreizeitheim genannt. Sie bieten verschiedene Programme für Jugendliche an.

das Kinderheim, die Kinderheime	Das Kinderheim ist eine Wohnform für Kinder und Jugendliche. In Kinderheimen wohnen Kinder und Jugendliche ohne Eltern zusammen. Sie wohnen in Wohngruppen und werden dabei von Erzieherinnen und Erziehern betreut.
der Konflikt, die Konflikte	Ein Konflikt ist ein Streit zwischen Menschen oder Menschengruppen. Wir können Konflikte lösen, indem wir uns zusammensetzen und einen Plan ausarbeiten, wie beide Seiten einen Teil ihrer Wünsche verwirklichen können. Das nennen wir dann einen Kompromiss.
der Koran	Der Koran ist das heilige Buch der Muslime. Im Koran stehen Geschichten über Allah und viele Regeln über das Zusammenleben der Menschen.
das Logo, die Logos	Logo ist ein anderes Wort für Markenzeichen. Es kann den Schriftzug einer Firma enthalten, die das Produkt hergestellt hat. Ein Logo kann aber auch allein durch seine einprägsame Form oder Farbe erkannt werden.
das Markenprodukt, die Markenprodukte	Marken und Markenprodukte sollen uns davon überzeugen, dass wir ein besonders gutes Produkt kaufen, also dass die Qualität von diesen Produkten besonders hoch ist. Markenprodukte sind teurer als vergleichbare Produkte anderer Hersteller, die weniger bekannt sind.
das Mobbing	Wenn ein Schüler oder eine Schülerin von ihren Mitschüler(innen) gezielt ausgegrenzt oder geärgert wird, nennen wir das Mobbing.
die Moschee, die Moscheen	Eine Moschee ist ein islamisches Gotteshaus. Hier kommen die Moslems zusammen, um gemeinsam zu beten. Eine Moschee hat meistens einen Turm (Minarett), von dort aus ruft ein Muezzin die Gläubigen zum Gebet auf.

das Pessach-Fest	Das Pessach-Fest gehört zu den wichtigsten Festen des Judentums. Es wird daran erinnert, wie die Juden aus der Gefangenschaft in Ägypten befreit worden sind. Diese Geschichte wird an dem ersten Abend des Pessach-Festes (Seder-Abend) aus einem Buch (Haggada) vorgelesen.
PIN	PIN bedeutet: Persönliche Identifikations-Nummer oder Geheimzahl. Diese Nummer ist nur für die jeweilige Person bestimmt und darf nicht weitergegeben werden. Handys oder Kreditkarten haben eine PIN.
Politik	Politik ist auch ein Schulfach. Es beschäftigt sich damit, wie das Zusammenleben von Menschen im Alltag oder in Staaten geregelt ist.
der Ramadan	Der Ramadan ist der islamische Fastenmonat. Er wird nach dem Mondkalender berechnet und ist in jedem Jahr zu einer anderen Zeit. Während des Fastenmonats dürfen Moslems tagsüber nichts essen und trinken. Das Fasten beginnt früh beim Sonnenaufgang und endet abends beim Sonnenuntergang.
das Recht, die Rechte	Ein Recht ist ein Anspruch, der von niemandem streitig gemacht oder verletzt werden darf. So haben wir z. B. von Geburt an das Recht auf Freiheit. Diese Rechte, die allen Menschen von Geburt an zustehen, nennen wir Grundrechte. Es gibt Grundrechte, Menschenrechte und für Kinder gelten insbesondere die Kinderrechte.
die Religion, die Religionen	Das Wort **religio** kommt aus dem **Lateinischen** und hat die Bedeutungen: „**Gottesfurcht**", „**Frömmigkeit**". Wenn wir an einen Gott glauben und bestimmte Regeln einhalten, die mit diesem Glauben verbunden sind (Beten, Fasten), dann gehören wir zu einer Religion. Es gibt viele Religionen auf der Welt. Einige davon sind das Christentum, der Islam, das Judentum, der Hinduismus und der Buddhismus. Viele Religionen beruhen auf einer heiligen Schrift.

SMS	SMS kommt aus dem Englischen und bedeutet Short Message Service. Mit einer SMS können wir kurze Nachrichten per Handy senden und empfangen.
die Schülerzeitung, die Schülerzeitungen	In einer Schülerzeitung informieren sich Schülerinnen und Schüler einer Schule gegenseitig über interessante oder wichtige Themen.
die Schuluniform, die Schuluniformen	Eine einheitliche Kleidung, die alle Schülerinnen und Schüler einer Schule tragen müssen, nennen wir Schuluniform. In Deutschland diskutiert man darüber, ob Schuluniformen eingeführt werden sollen. Wenn alle Schüler eine Schuluniform tragen, kann niemand wegen seiner Kleidung ausgegrenzt werden.
das Taschengeld	Taschengeld nennen wir das Geld, das Kinder regelmäßig von ihren Eltern oder Großeltern bekommen. Kinder dürfen dann selbst darüber entscheiden, wofür sie dieses Geld ausgeben.
die Urgroßeltern	Urgroßeltern (= Urgroßmutter und Urgroßvater) nennen wir die Eltern der Großeltern. Viele nennen sie auch Uropa und Uroma.
der Verbraucher, die Verbraucher	Verbraucher sind alle Menschen, die mit ihrem Geld bestimmte Produkte oder Dienstleistungen kaufen. Wenn wir ein Produkt (z. B. Lebensmittel) kaufen, wird diese Sache auch „verbraucht". Wenn wir uns Dienstleistungen (z. B. eine Reparatur) kaufen, dann gelten wir auch als Verbraucher. Ein anderes Wort dafür ist Konsument.
die Werbung, die Werbungen	Werbung nennen wir den Versuch einer Firma, uns auf ihr Produkt aufmerksam zu machen. Viele verschiedene Firmen versuchen, uns für ihr Produkt zu gewinnen. Wir müssen genau prüfen, ob das Produkt tatsächlich so gut ist, wie die Werbung es uns verspricht.